CURATIVOS PARA A ALMA
Segundos de sabedoria

Nilton Bonder é rabino com função de líder da Congregação Judaica do Brasil. É graduado em engenharia mecânica pela Universidade de Columbia e doutor em literatura hebraica pelo Jewish Theological Seminary.

Reconhecido internacionalmente, seus livros já foram lançados nos Estados Unidos e na Europa, com grande sucesso. *A cabala da comida*, *A cabala do dinheiro*, *O segredo judaico da resolução dos problemas* estão entre seus títulos mais vendidos. Pela Rocco foram editados *Portais secretos*, *A alma imoral* e *Exercícios d'alma*.

Organizado por
Nilton Bonder
———— ☙ ————

CURATIVOS PARA A ALMA
Segundos de sabedoria

Copyright © 2000 *by* Nilton Bonder

Direitos para a língua portuguesa reservados
com exclusividade para o Brasil à
EDITORA ROCCO LTDA.
Rua Evaristo da Veiga, – 11º andar
Passeio Corporate – Torre 1
20031-040 – Rio de Janeiro – RJ
Tel.: (21) 3525-2000 – Fax: (21) 3525-2001
rocco@rocco.com.br
www.rocco.com.br

Printed in Brazil/Impresso no Brasil

CIP-Brasil. Catalogação na publicação.
Sindicato Nacional dos Editores de Livros, RJ.

B95c	Nilton Bonder Curativos para a alma: segundos de sabedoria / (organização) Nilton Bonder. – Rio de Janeiro: Rocco, 2000. ISBN 85-325-1203-8 1. Meditações 2. Citações. I. Bonder, Nilton.
00-1438	CDD–242 CDU–242

SUMÁRIO

— ⚘ —

INTRODUÇÃO • *9*

ADVERSIDADE • *11*

AMIZADE • *13*

APEGO • *15*

APRENDER • *17*

ARRISCAR • *19*

ASSALTADO • *21*

ASSERTIVIDADE • *23*

AUTOESTIMA • *25*

CAIR EM SI • *27*

CASAMENTO • *29*

COMPETIÇÃO • *31*

CONFLITOS • *33*

DEPRESSÃO • *35*

DESCRENÇA • *37*

DESCUIDO • *39*

DESTRUTIVIDADE • *41*

DINHEIRO • *43*

FIDELIDADE • *45*

FILHOS • *47*

FRACASSO • *49*

HONESTIDADE • *51*

ILUSÃO • *53*

INDECISÃO • *55*

INGENUIDADE • *57*

INGRATIDÃO • *59*

INSEGURANÇA • *61*

INSULTO • *63*

INVEJA • *65*

IRMÃOS • *67*

LIBERDADE • *69*

MAL-ENTENDIDOS • *71*

MATERIALISMO • *73*

MOTIVAÇÃO • *75*

MUDAR • *77*

OBJETIVIDADE • *79*

OPORTUNIDADES • *81*

PAIS • *83*

PERDER • *85*

PERDOANDO • *87*

PERSPECTIVA • *89*

PREOCUPAÇÃO COM OUTROS • *91*

PROBLEMAS • *93*

RAIVA • *95*

REJEIÇÃO • *97*

RESPEITO • *99*

SAÚDE • *101*

SER ÚTIL • *103*

SERIEDADE • *105*

VIOLÊNCIA • *107*

VISÃO • *109*

INTRODUÇÃO
— ✿ —

O poeta Bialik certa vez escreveu a um amigo: "Por falta de tempo, lhe escrevo esta longa carta." É bastante mais difícil e toma mais tempo ser sucinto e direto do que prolixo e detalhista. Alguns registraram esta ideia de forma abreviada:

> Boas coisas, quando breves, são melhores.
> *Balthasar Gracián*

> A brevidade é a alma da sagacidade.
> *Shakespeare*

> Daqueles que nada dizem, poucos estão em silêncio.
> *T. Neil*

Curativos para a alma deve ser lido quando estamos num momento de dificuldade, dúvida e incerteza. Quando não temos um amigo ou terapeuta para recorrer, estas frases escolhidas por seu poder de síntese e por seu conteúdo inspirador podem oferecer um certo alívio e uma visão mais centrada em momentos tão importantes. Tenha-o sempre à mão, pois pode ser um *band-aid* num ferimento do ego, um *isordil* para a alma diante de uma notícia difícil ou uma simples *aspirina* no final de um dia de rotina e sem muita perspectiva.

ADVERSIDADE
— ☙ —

Se você não pode mudar seu
destino, mude sua atitude.
– *Anônimo*

Para voar temos que ter resistência.
– *Maya Lin*

No escuro, os olhos começam a enxergar.
– *Theodore Roethke*

O Deus que dá fardos pesados
dá também ombros.
– *Bashevis Singer*

Sem pressão, sem diamantes.
– *Mary Case*

Tudo é difícil até ser fácil.
– *John Norley*

D'us proverá! – Ah, se Ele
o fizesse até que prouvesse.
– *Ditado iídiche*

Se não pode controlar o vento, ajuste a vela.
– *Anônimo*

Acender uma vela é gerar uma sombra.
– *Anônimo*

Ninguém se dá conta de quando
as coisas vão bem.
– *Johann Zimmermann*

AMIZADE
—— ങ ——

Para ter amigos... você tem que ser amigo.
– *Anônimo*

É mais fácil perdoar um inimigo
do que um amigo.
– *William Blake*

Seja amigo consigo próprio,
e outros o serão também.
– *J. Mel*

As palavras nos dividem,
as ações nos unem.
– *Palavra de ordem dos Tupamaros*

Amigos vêm e vão, inimigos acumulam.
– *Thomas Jones*

Um sábio faz mais uso dos inimigos
do que um tolo dos amigos.
– *Balthasar Gracián*

Odeio tudo que não é mútuo.
– *Lord Byron*

Aquele que repassa fofocas para
você, repassa também de você.
– *Anônimo*

Sorriso: a menor distância
entre duas pessoas.
– *Victor Borge*

Ninguém jamais se insulta
por ser convidado.
– *Leonard Lyons*

APEGO

— ☙ —

Quanto mais se aperta na mão, menos se tem.
– *Dito zen*

O mais difícil é saber quais pontes criar e quais destruir.
– *Bertrand Russell*

Não é o ter, é o conseguir!
– *Elizabeth Taylor*

Ninguém que valha a pena se possuir pode ser possuído.
– *Sara Teasdale*

Possuir é asfixiar possibilidades.
– *Anônimo*

Um pouco vale tanto quanto
muito, quando o bastante.
– *Steve Brown*

Melhor dez pequenas preocupações
do que uma grande.
– *Ditado iídiche*

A vida é uma longa lição sobre humildade.
– *James Barrie*

Nada vale mais do que este dia.
– *Goethe*

APRENDER
— ☙ —

Quando perder, não perca a lição.
– *Anônimo*

O professor aparecerá quando
o aluno estiver pronto.
– *Ditado budista*

Se quiser entender algo, tente mudá-lo.
– *Kurt Lewin*

Ensinar é aprender duas vezes.
– *Joseph Joubert*

Quem ousa ensinar nunca
deve cessar de aprender.
– *John Dana*

Você melhor ensina aquilo que
mais precisa aprender.
– *Richard Bach*

Quem conhece os outros é instruído;
quem conhece a si é sábio.
– *Lao Tse*

A sabedoria dá limites até ao conhecimento.
– *Friedrich Nietzsche*

Não... as coisas não são
necessariamente assim.
– *Lei de Gershwin*

O assombro, mais do que a dúvida,
é a raiz do conhecimento.
– *Abraham Heschel*

ARRISCAR
── ☙ ──

A maturidade é a capacidade
de suportar incertezas.
– *John Finley*

A estratégia de ser cauteloso
pode ser a mais arriscada.
– *Jawaharlal Nehru*

Nada vale a pena ser feito a não ser
que as consequências sejam sérias.
– *Bernard Shaw*

Coragem = agir mesmo com medo.
– *Howard Hunter*

Vencer sem risco é triunfar sem glória.
– *Pierre Corneille*

A necessidade faz tudo bem-feito.
— *Ralph Emerson*

Nunca se vai tão longe como quando
não se sabe para onde se está indo.
— *Goethe*

A vida é uma escola de probabilidades.
— *James Newman*

Mira-se acima da marca para
se atingir a marca.
— *Ralph Emerson*

ASSALTADO
— ෫ —

Vivemos num mundo em que
a pizza chega antes que a polícia.
– Jeff Arder

A lei de "olho por olho"
deixa a todos cegos.
– Martin Luther King

A violência não tem a ver com
poder, mas com falta de poder.
– Ambrose Bierce

Quanto mais leis e obsessão por
ordem, mais ladrões e mais crimes.
– Lao Tse

Cabe aos vencedores definir quais
os crimes de guerra.
– *Gary Wills*

Tema só a estes dois: A Deus e ao homem
que não teme a Deus.
– *Anônimo*

Justiça é uma convenção, injustiça
é um testemunho.
– *Anônimo*

Quem nada teme é tão poderoso quanto
quem é temido por todos.
– *Friedrich von Schiller*

ASSERTIVIDADE
— ☙ —

O que é moral é aquilo que depois
nos faz sentir bem.
– *Ernest Hemingway*

Estar seguro impressiona mais numa
conversação do que a perspicácia.
– *Duque de Rochefoucauld*

Use palavras leves e argumentos pesados.
– *Anônimo*

De agora em diante serei mais assertivo...
se estiver OK para você.
– *Anônimo*

O charme é produto do inesperado.
– *José Martí*

O silêncio é sábio para
o tolo; tolo para o sábio.
— *Anônimo*

Esses são meus princípios. E se você
não gosta deles... tenho outros.
— *Groucho Marx*

AUTOESTIMA
— ␣ —

Autoestima é a reputação que
adquirimos de nós mesmos.
– *Nethaniel Branden*

Ninguém pode te fazer sentir
inferior sem a tua permissão.
– *Eleonor Roosevelt*

Seja maior que sua tarefa.
– *Orison Marden*

Você sempre tem que ser primeiro,
melhor ou diferente?
– *L. Lynn*

O melhor é inimigo do bom.
– *Voltaire*

Grandes egos são invólucros
de espaços vazios.
– *Diane Black*

Nunca estamos tão felizes ou
infelizes quanto imaginamos.
– *Duque de Rochefoucauld*

A única pressão que sofro é a que
exerço sobre mim mesmo.
– *Marck Messier*

CAIR EM SI
— ☙ —

Quem ri por último entende mais devagar.
– *Anônimo*

Se ninguém usa algo, deve
existir uma razão.
– *Regras da razão*

A velhice não é lugar para medrosos.
– *Bette Davis*

A vida não nos acontece,
acontece a partir de nós.
– *Max Wickett*

A insanidade acaba com a razão,
não com a perspicácia.
– *Nathan Emmons*

Não existem fatos, apenas interpretações.
— *Friedrich Nietzsche*

Quando os fatos são poucos,
os *experts* são muitos.
— *Donald Gannon*

Quão arrependidos podemos ficar por termos nossos desejos gratificados!
— *Esopo*

CASAMENTO
— ☙ —

A primeira obrigação do amor é escutar.
– *Paul Tillich*

Discussão é masculino,
conversa é feminino.
– *Amy Alcott*

Dois monólogos não são um diálogo.
– *Jeff Daly*

O casamento é um livro: o primeiro
capítulo é em poesia, os demais, em prosa.
– *Jack Nichols*

Às vezes temos que conhecer alguém muito
bem para perceber que é um estranho.
– *Mary Richards*

Lar é quaisquer quatro paredes
que contêm a pessoa certa.
– *Helen Rowland*

O maior poder de uma mulher
é sua vulnerabilidade.
– *Ralph Emerson*

Romper é às vezes a única forma
de não se corromper.
– *Anônimo*

Bigamia é ter uma mulher a mais.
Monogamia é a mesma coisa.
– *Oscar Wilde*

Não é a falta de amor que destrói um
casamento, mas a de amizade.
– *Friedrich Nietzsche*

COMPETIÇÃO
— ☙ —

É incrível o quão bem tratados somos
quando sabem que vamos embora.
– *M. Arlen*

Duas são as leis do sucesso:
nunca conte tudo o que sabe.
– *Robert Lincoln*

Sucesso é prosseguir quando
os outros desistem.
– *Anônimo*

A vida se estreita ou se amplia na
proporção de nossa coragem.
– *Anaïs Nin*

Não tema estar andando lentamente,
tema apenas estar parado.
– *Ditado chinês*

Quando escuto tenho a vantagem;
quando falo os outros a têm.
– *Anônimo*

Observe seus inimigos pois eles são
os primeiros a descobrir suas falhas.
– *Aristóteles*

CONFLITOS
— ☙ —

Engolir seu orgulho raramente
dá indigestão.
– *Anônimo*

Às vezes um berro é melhor
do que uma tese.
– *Ralph Emerson*

Se não puder convencê-los, confunda-os.
– *Harry Truman*

Possamos nunca ter que negociar por
temor, nem nunca temer negociar.
– *John Kennedy*

Se você não pode morder,
não mostre os dentes.
– *Ditado iídiche*

A moderação só é possível
quando há uma alternativa.
– *Henry Kissinger*

Longas disputas demonstram que ambos
os contendedores estão errados.
– *Anônimo*

Em oposição a uma verdade pode
muito bem estar outra verdade.
– *Niels Bohr*

Você não pode simultaneamente prevenir
a guerra e se preparar para ela.
– *Albert Einstein*

DEPRESSÃO
— ❀ —

Depressão é uma fina camada de raiva.
– *Paul Tillich*

Enxergar o seu drama é liberar-se dele.
– *Ken Keyes*

A ação é o antídoto para o desespero.
– *Joan Baez*

Tenha coragem de agir em vez de reagir.
– *Earlene Jenks*

A felicidade não está em ter
ou ser; mas em fazer.
– *Lilian Watson*

Desespero é a conclusão dos tolos.
– *Benjamin Disraeli*

"Quero morrer", leia-se: "Quero matar."
– *Carlos Saba*

Solidão não é outra coisa
senão medo de viver.
– *Eugene O'Neill*

DESCRENÇA
— ✧ —

Crença é como guilhotina: pesada e leve.
– *Franz Kafka*

Ateísmo... só com tempo bom.
– *Ronald Dunn*

Falar com Deus é rezar, mas Deus
falar conosco é esquizofrenia.
– *Lily Tomlin*

A fé é uma continuação da razão.
– *Williams Adams*

Há mais verdade na comédia
do que na tragédia.
– *Vanna Bonta*

Todas as generalizações são
enganosas, inclusive esta.
– *Anônimo*

Paciência com os outros é amor; consigo
é esperança; e com Deus é fé.
– *Adel Bestavros*

A descrença é o início da fé.
– *Oscar Wilde*

DESCUIDO
—— ☙ ——

Um copo cheio deve ser
carregado firmemente.
– *Ditado inglês*

Pegue a bola enquanto ela está quicando.
– *Reubens Alcalay*

A única diferença entre o ordinário e o
extraordinário é este pequeno "extra".
– *Anônimo*

Aqueles que não se recordam do
passado estão condenados a repeti-lo.
– *George Santayana*

Se você persegue dois coelhos,
ambos escaparão.
– *Anônimo*

A vida é a resultante das paixões
subtraídas dos arrependimentos.
— *Anônimo*

Se está a nosso alcance fazer,
também está não fazer.
— *Aristóteles*

A única disciplina que é
fundamental é a autodisciplina.
— *Bum Phillips*

A pressa passa e a m. fica.
— *Burle Marx*

DESTRUTIVIDADE
—— ⚜ ——

A suposição é a mãe do "dar errado".
– *A lei de Wethern*

Rápido em amadurecer,
rápido em apodrecer.
– *Ditado chinês*

O suicídio é a mais severa
forma de autocrítica.
– *Anônimo*

Se o medo altera seu comportamento,
você já está derrotado.
– *Brenda Hammond*

Glutão: quem cava sua sepultura a dentes.
– *Ditado iídiche*

O celibato: não é hereditário.
— *Primeira lei da sociogenética*

A única cura para o luto é a ação.
— *George Lewis*

DINHEIRO
— ❦ —

O dinheiro não muda as pessoas,
amplifica o que elas já são.
– *Will Smith*

Qual a quantia de dinheiro que é
suficiente? Só um pouquinho mais.
– *Will Rogers*

Quando o dinheiro fala, ninguém
presta atenção na gramática.
– *Anônimo*

É comum o dinheiro custar muito.
– *Ralph Emerson*

A avareza arruinou mais gente
que a extravagância.
– *C. Colton*

Aquele que toca em mel fica
compelido a lamber os dedos.
– *Anônimo*

Só compro quando os outros
estão vendendo.
– *Paul Getty*

A avareza é o esfíncter do coração.
– *Matthew Green*

FIDELIDADE

Nossas ações são as melhores
interpretações de nossos pensamentos.
– *John Locke*

Nunca arrisque aquilo que não
pode se dar ao luxo de perder.
– *Anônimo*

Um pouco de imprecisão às vezes
poupa toneladas de explicação.
– *Hector Munro*

O cônjuge ideal é aquele que é fiel mas
mantém o charme de quem não é.
– *Sacha Guitry*

Atrás de um homem bem-sucedido
há sempre uma mulher, e atrás
dela, a sua esposa.
– *Groucho Marx*

Oitenta por cento dos homens casados
traem na América. O resto na Europa.
– *Jackie Mason*

Fui casado por um juiz. Eu deveria
ter pedido um júri.
– *Groucho Marx*

FILHOS
—— ⚘ ——

Crianças precisam de amor, em
especial quando não merecem.
– *H. Hulbert*

Somos educados por aqueles
em quem confiamos.
– *George Eliot*

Crianças carecem mais de
modelos do que de críticos.
– *Carolyn Coats*

Criança se nutre de leite e elogio.
– *Mary Lamb*

Quando você ensina o seu filho,
ensina o filho do seu filho.
– *Talmude*

Não sou jovem o bastante para saber tudo.
– *Oscar Wilde*

A alma é renovada ao
estarmos com crianças.
– *Dostoiévski*

A primeira metade de nossas
vidas é arruinada pelos pais,
a segunda pelos filhos.
– *Clarence Darrow*

FRACASSO
— ☙ —

O sucesso é 99% de tentativas fracassadas.
– *Soichiro Honda*

Não se fracassa; se para de tentar.
– *Elihu Root*

O fracasso é um evento, nunca uma pessoa.
– *W. D. Brown*

Tropeçar não é cair.
– *Ditado português*

Sucesso antes de trabalho, só no dicionário.
– *Anônimo*

Se você não consegue passar
por cima, passe por baixo.
– *Ditado iídiche*

Muitos param de trabalhar
quando acham um emprego.
– *Anônimo*

Quanto mais trabalho, maior a minha sorte.
– *Sam Shoen*

A sorte é o resíduo do design.
– *B. Rickey*

HONESTIDADE

—— ⌘ ——

Não faça aquilo que desfaria se fosse pego.
– *Leah Arendt*

Pergunte a alguém se é honesto.
Se disser que sim, saiba que não é.
– *Groucho Marx*

Você não pode acordar alguém
que finge estar dormindo.
– *Anônimo*

Quem você é fala tão alto que não
consigo ouvir o que está falando.
– *Ralph Emerson*

O ser humano é o único animal que se
envergonha... E que tem razões para tal.
– *Anônimo*

Como os regatos, sou transparente
porque não sou muito profundo.
– *Voltaire*

Originalidade é a arte de
esconder a origem.
– *F. Jones*

ILUSÃO
— ☙ —

A realidade nada mais é do
que uma intuição coletiva.
– *Lily Tomlin*

Não vemos o mundo do jeito que
é, mas do jeito que somos.
– *Anaïs Nin*

A arte é uma mentira que nos
faz perceber a verdade.
– *Pablo Picasso*

Vidro fervendo parece igual a vidro frio.
– *Dominic Cirino*

A realidade é uma ilusão, embora
bastante persistente.
– *Albert Einstein*

A beleza é uma tirania passageira.
– *Sócrates*

A realidade é mais estranha que a ficção.
– *Anônimo*

O segredo da vida é que não há segredo.
– *Anônimo*

É mais tarde do que você pensa.
– *Anônimo*

O homem pensa, Deus ri.
– *Ditado iídiche*

INDECISÃO
— ☙ —

Quanto mais opiniões ouvimos,
menos enxergamos.
– *Wim Wenders*

A melhor maneira de prever
o futuro é inventá-lo.
– *Alan Kay*

Recusar-se a ter uma opinião é tê-la.
– *Anônimo*

Pedimos conselhos quando já temos
uma resposta que preferíamos não ter.
– *Erica Jong*

As perguntas mais simples são as
mais difíceis de se responder.
– *Northrop Frye*

Confiança é coragem descontraída.
– *Daniel Maher*

A natureza humana é pensar
sabiamente e agir tolamente.
– *Anatole France*

Faça sempre o que teme fazer.
– *Ralph Emerson*

Quando não temos certeza, estamos vivos.
– *Graham Greene*

INGENUIDADE
— ☙ —

Ouse ser ingênuo.
– *Buckminster Fuller*

Ninguém diz "tudo não passa de um jogo" quando está ganhando.
– *Anônimo*

Aqueles com melhores conselhos não aconselham.
– *Ben Jonson*

Aquele que conta a história controla o mundo.
– *Anônimo*

Pegue meu conselho, não estou usando.
– *Para-choque de caminhão*

Mentir é feito com palavras ou com silêncio.
– *Adrienne Rich*

Acreditamos facilmente em tudo
que tememos ou desejamos.
– *Jean de La Fontaine*

Busque a simplicidade e desconfie dela.
– *Anônimo*

INGRATIDÃO
— ⚜ —

A gratidão é o coração da memória.
– *Ditado francês*

Lembrar é um ato que permite
verdadeiramente esquecer.
– *Anônimo*

Deus reside no sentimento de gratidão.
– *I. Walton*

Um único ingrato prejudica a todos
os que necessitam de ajuda.
– *Publilius Syrus*

A gratidão é a mãe de todas as virtudes.
– *Cícero*

Nenhuma obrigação é mais urgente do que a de retornar agradecimentos.
– *Ambrose Bierce*

Lembre-se: Não estar feliz é um ato de ingratidão.
– *Elizabeth Carter*

INSEGURANÇA
— ೞ —

Menos é mais.
– *Robert Browning*

O que o ser humano quer na verdade
não é conhecimento, mas certeza.
– *Bertrand Russell*

No porto, o navio está a salvo, mas
é para isto que navios são feitos?
– *Anônimo*

A maioria das pessoas quer segurança
neste mundo, não liberdade.
– *H. L. Mencken*

Uma pessoa brava morre uma única
vez, um covarde, muitas vezes.
– *Anônimo*

Vivemos num arco-íris de caos.
– *Paul Cézanne*

Sagrado é fazer a vontade de Deus com um sorriso.
– *Madre Teresa*

No livro da vida, as respostas não estão na página seguinte.
– *Charlie Brown*

INSULTO

Ares de importância são
credenciais de impotência.
– *Johann Lavater*

Nunca ofenda ninguém com estilo
quando pode ofender com substância.
– *Sherrill Brown*

Eu o insultaria se você fosse inteligente
o suficiente para perceber.
– *Anônimo*

O pensamento é a ação ensaiando.
– *Sigmund Freud*

Não duelo intelectualmente com
uma pessoa desarmada.
– *Anônimo*

Escreva suas mágoas em areia,
sua gratidão, em mármore.
– *Benjamin Franklin*

Se o seu ataque vai bem, dirão
que foi uma emboscada.
– *Lei de Murphy sobre combates*

INVEJA
— ☙ —

Exagerar é enfraquecer.
– *La Harpe*

As pessoas acreditam em qualquer
coisa que seja sussurrada.
– *Anônimo*

O amor olha por um telescópio;
a inveja, por um microscópio.
– *Josh Billings*

Criticar é uma forma de vangloriar-se.
– *Emmit Fox*

A pior prisão é um coração fechado.
– *Anônimo*

Quanto mais você sabe,
menos precisa mostrar.
– *Anônimo*

Aqueles que invejam outros
são seus inferiores.
– *Dito dinamarquês*

Ninguém fica totalmente infeliz com
o fracasso de seu melhor amigo.
– *Groucho Marx*

IRMÃOS

Irmãos são ao mesmo tempo o
nosso espelho e o nosso oposto.
– *Elizabeth Fischel*

O mesmo sol que derrete a
manteiga endurece o cimento.
– *Donald Meyer*

A estrada ao inferno é pavimentada
com boas intenções.
– *Karl Marx*

Para conhecer alguém temos que ter
amado e odiado esta pessoa.
– *Marcel Jouhandeau*

O antônimo de amor não é o ódio,
mas a indiferença.
– *Elie Wiesel*

Devemos aprender a viver juntos como
irmãos ou perecer juntos como tolos.
– *Martin Luther King*

LIBERDADE
— ଔ —

Leis malfeitas são a pior forma de tirania.
– *Edmond Burke*

Somos prisioneiros de ideias.
– *Ralph Emerson*

O hábito é uma camisa de aço.
– *Anônimo*

Liberdade é saber-se quem é.
– *Linda Thomson*

Não há fardo pior do que
um grande potencial.
– *Will Schultz*

Um dia é uma miniatura de eternidade.
– *Ralph Emerson*

Não seja tão cabeça aberta, seu
cérebro pode cair para fora.
– *Anônimo*

O "agora" é onde contendam
o viver e o alienar-se.
– *Anônimo*

Um sétimo da vida acontece
nas segundas-feiras.
– *Anônimo*

MAL-ENTENDIDOS
— ☙ —

Nada é tão simples que não
possa ser mal entendido.
– *Jr. Teague*

Em dúvida, fale a verdade.
– *Mark Twain*

Nunca atribua à malícia o que pode
ser explicado como estupidez.
– *Nick Diamos*

Se você não sabe para onde vai,
pode acabar em outro lugar.
– *Yogi Berra*

Calados não temos nem que
repetir nem que explicar.
– *Ditado iídiche*

Nunca perca uma boa
oportunidade de ficar calado.
– *Anônimo*

Egoísta: toda pessoa mais interessada
em si do que em mim.
– *Ambrose Bierce*

MATERIALISMO
— ❧ —

O universo é feito de histórias
e não de átomos.
– *Muriel Rukeyser*

Tenha menos. Faça menos. Seja mais.
– *Aboodi Shaby*

Vive-se uma só vez; mas se
certo, é suficiente.
– *Adam Marshall*

O todo é maior que a soma das partes.
– *Metaphysica*

Nada é o resultado da mistura
de tudo e falta de tempo.
– *Anônimo*

Aquele que tem dois mestres,
tem que mentir a um deles.
– *Anônimo*

Bactérias: são às vezes a única
cultura que alguém tem.
– *Anônimo*

MOTIVAÇÃO

A glória é passageira, mas a
obscuridade é para sempre.
– *Napoleão*

É difícil rodar o volante
estacionado... mova-se.
– *Henrietta Mears*

Uma caminhada de mil milhas precisa
começar com um simples passo.
– *Lao Tse*

O impossível é frequentemente
o que não foi tentado.
– *Jim Goodwin*

Poucas mentes se gastam,
a maioria enferruja.
– *Nestel Bovee*

Nada com que nos acostumamos
é maravilhoso.
– *Edgar Howe*

Lutamos com mais empenho por nossos
interesses do que por nossos direitos.
– *Napoleão Bonaparte*

MUDAR
— ⋘ —

A mudança é uma constante.
– *Benjamin Disraeli*

Quando você culpa outros, perde
a oportunidade de mudar.
– *Robert Anthony*

Seja você a mudança que
quer ver no mundo.
– *Gandhi*

Mudar e mudar para melhor são
duas coisas bem diferentes.
– *Ditado alemão*

Quem muda de lugar, muda seu destino.
– *Talmude*

Dois errados não fazem um certo.
— *Anônimo*

O desejo para fazer, a alma para ousar.
— *Walter Scott*

O que é mais verdadeiro nos faz rir.
— *Carl Reiner*

OBJETIVIDADE
— ☙ —

Não agonize, organize.
– *Florynce Kennedy*

Fatos primeiro; depois poderá distorcê-los.
– *Mark Twain*

As oportunidades se multiplicam
à medida que são aproveitadas.
– *Sun Tzu*

Um objetivo sem planejamento
é só um desejo.
– *Anônimo*

Um dos segredos para chegar
na frente é iniciar.
– *Sally Berger*

Metas são sonhos com prazos.
– *Anônimo*

A dúvida é o pai da invenção.
– *Galileu Galilei*

Não há droga mais viciante
do que a palavra.
– *Rudyard Kipling*

Nunca confunda movimento com ação.
– *Ernest Hemingway*

OPORTUNIDADES
—— ❧ ——

Setenta por cento do sucesso é comparecer.
– *Woody Allen*

As oportunidades não se perdem;
são tomadas por outros.
– *Anônimo*

Onde estiver – esteja todo lá.
– *Jim Elliot*

Faça o que pode com o que
tem onde quer que esteja.
– *Theodore Roosevelt*

Em ação, seja primitivo; em
visão, um estrategista.
– *René Char*

Alguns passam pela floresta
e não veem lenha.
– *Ditado inglês*

Sorte é o encontro do preparo
com a oportunidade.
– *Sêneca*

Melhor estar preparado para uma
oportunidade e não tê-la do que
tê-la e não estar preparado.
– *W. Young, Jr.*

PAIS

Os homens são o que suas
mães fizeram deles.
– *Ralph Emerson*

Liberdade é o direito de
estar e fazer errado.
– *J. Diefenbaker*

Os dois maiores presentes que podemos
dar aos filhos são raízes e asas.
– *Hodding Carter*

Toda semente sabe quando é o seu tempo.
– *Anônimo*

A coisa mais importante que um homem
pode fazer para os filhos é amar sua mãe.
– *Gordon Hinckley*

É comum no Ocidente se sofrer
de muita mãe e pouco pai.
– *Gloria Steinem*

Não existem crianças ilegítimas,
mas pais ilegítimos.
– *Leon Yankwich*

PERDER

Não chore porque acabou,
sorria porque aconteceu.
– *Anônimo*

Não há consciência sem dor.
– *Carl Jung*

Às vezes somos o cachorro,
às vezes, o hidrante.
– *Anônimo*

Aqueles que mais temem a morte são
os que menos aproveitam a vida.
– *Anônimo*

Possa você viver todos os dias de sua vida!
– *Jonathan Swift*

A diferença entre ficção e realidade é que a ficção tem que fazer sentido.
– *Tom Clancy*

A dor é inevitável, o sofrimento é opcional.
– *Kathleen Casey*

PERDOANDO

Perdoar não muda o passado,
amplia o futuro.
– *Paul Boese*

Então não estou destruindo meus inimigos
quando os transformo em amigos?
– *Abraham Lincoln*

Perdoe seus inimigos... eles odeiam!!
– *Anônimo*

Perdoamos as ofensas que
conhecemos em nós.
– *Juoy*

Donde: melhor perdoa quem
melhor se conhece.
– *Anônimo*

Nossas lágrimas nos perdoam.
– *Vanna Bonta*

Deus vai nos perdoar, este é o seu metiê.
– *Heinrich Heine*

Compartilhe semelhanças,
celebre diferenças.
– *Scott Peck*

Perdoe seus inimigos, mas
jamais esqueça seus nomes.
– *John Kennedy*

PERSPECTIVA
── ☙ ──

Sem objetivos, somos como
navios sem leme.
– *Thomas Carlyle*

Você pode plantar um sonho.
– *Anne Campbell*

Não há passageiros na nave
Terra, apenas tripulação.
– *Anônimo*

Objetivos devem estar além do
alcance, mas não da visão.
– *Anita DeFrantz*

Ensinar é o maior gesto de otimismo.
– *Colleen Wilcox*

Um bebê é a opinião de Deus de
que a vida deve continuar.
– *Carl Sandburg*

A alegria provém de usarmos
nosso potencial.
– *Will Schultz*

Eu toco o futuro: eu ensino.
– *C. McAuliffe*

PREOCUPAÇÃO COM OUTROS
— ☙ —

Primeiro nos tornamos o melhor,
e só depois o primeiro.
– *Grant Tinker*

Poucos veem com seus próprios olhos
e sentem com seus próprios corações.
– *Albert Einstein*

A honra não tem que ser ganha;
deve apenas não ser perdida.
– *Schopenhauer*

Às vezes temos que nos calar
para sermos ouvidos.
– *Ditado suíço*

Feliz daquele que se permite ser
enganado em vez de desconfiar.
– *Scott Johnson*

Se você não controla a sua
mente, outra pessoa o fará.
– *J. Allston*

Ninguém nos engana tanto
quanto nós mesmos.
– *Lord Grenville*

Você cresce no dia em que ri pela
primeira vez de si mesmo.
– *Ethel Barrymore*

PROBLEMAS
—— ☙ ——

Problemas não se resolvem no mesmo
nível de compreensão em que se geram.
– *Albert Einstein*

A melhor forma de escapar de
um problema é resolvê-lo.
– *Alan Saporta*

A ciência exata é dominada pela
ideia de aproximações.
– *Bertrand Russell*

Metas são armadilhas difíceis
de se desvencilhar.
– *Anônimo*

Nenhum problema resiste ao assalto constante do pensamento.
– *Voltaire*

Não é que não saibam ver a solução, não veem o problema.
– *Gilbert Chesterton*

RAIVA
— ☙ —

O cinismo é o humor do ódio.
– *Beerbohm Tree*

A raiva nos coloca em apuros,
o orgulho nos mantém neles.
– *Anônimo*

A linguagem foi inventada para satisfazer
a necessidade humana de reclamar.
– *Lily Tomlin*

Nunca odeie seus inimigos,
pois afeta seu julgamento.
– *M. Corleone*

No final, não lembramos as palavras dos
inimigos, mas o silêncio dos amigos.
– *Martin Luther King Jr.*

A guerra é uma trégua para o ódio.
– *Anônimo*

Nós fervemos a diferentes temperaturas.
– *Ralph Emerson*

REJEIÇÃO
— ⚜ —

Aceitando ou recusando, as mulheres
se deleitam igual pela proposta.
– *Ovid*

Rejeição é um grande afrodisíaco.
– *Madonna*

Belo é uma condição do verbo
"estar" e não do verbo "ser".
– *Anônimo*

Sobreviver é a sua mais refinada revanche.
– *Morgan Nito*

Um definitivo talvez é um não.
– *Samuel Goldwin*

Alguns trazem alegria aonde
vão, outros quando se vão.
– *Oscar Wilde*

O maior presente que podemos oferecer
é a pureza de nossa atenção.
– *Richard Moss*

RESPEITO
— ☙ —

Todos somos ignorantes, mas
em diferentes assuntos.
– *Will Rogers*

Nada é mais forte neste mundo
do que a gentileza.
– *Han Suyin*

Lembre-se sempre de que você é
único, como todas as outras pessoas.
– *Anônimo*

O conhecimento fala, mas
a sabedoria escuta.
– *Jimi Hendrix*

Se não entendemos alguém
o tomamos por tolo.
– *Carl Jung*

O resultado maior da
educação é a tolerância.
– *Helen Keller*

Se você perde seu autorrespeito,
também perde o respeito aos outros.
– *Anônimo*

SAÚDE

Apresse-se lentamente.
– *Caesar Augustus*

Não vá a um médico cujas plantas
do consultório estão mortas.
– *Anônimo*

Para alívio imediato, tente ir mais devagar.
– *Lily Tomlin*

A fadiga nos torna covardes.
– *Vince Lombardi*

Higiene é dois terços de saúde.
– *Ditado libanês*

Não envelheça, torne-se um clássico.
– *Anônimo*

Nada fazer é às vezes um bom remédio.
– *Hipócrates*

Não vou gastar meus dias
tentando prolongá-los.
– *Ian Fleming*

Um coração alegre é um bom remédio.
– *Prov.15*

SER ÚTIL
— ☙ —

Professor é quem se faz
progressivamente desnecessário.
– *T. Carruthers*

Ame a todos, confie em poucos
e não faça mal a ninguém.
– *Shakespeare*

A verdadeira autoridade
é o poder em servir.
– *D. McMullen*

Se você não puder alimentar cem
pessoas, alimente apenas uma.
– *Madre Teresa*

No compromisso é onde se pode
viver a experiência da liberdade.
– *Anônimo*

Não podemos fazer grandes coisas –
apenas pequenas coisas com grande amor.
– *Madre Teresa*

O bem maior não é dividir sua riqueza com
o outro, mas revelar-lhe a sua própria.
– *Benjamin Disraeli*

Não herdamos a terra dos antepassados;
tomamos emprestada dos descendentes.
– *Anônimo*

SERIEDADE

A seriedade é o único refúgio
dos superficiais.
– *Oscar Wilde*

A maturidade é saber quando
e onde ser imaturo.
– *Anônimo*

Leve seu trabalho a sério, mas
nunca a você mesmo.
– *M. Fonteyn*

O problema em ser pontual é que
ninguém está lá para apreciar.
– *F. Jones*

Perder tempo é uma importante
parte da vida.
– *Anônimo*

O mais desperdiçado dos dias
é o que não teve risos.
– *e. e. cummings*

A imaginação é a inteligência se divertindo.
– *Anônimo*

Se você obedece a todas as regras,
perde toda a diversão.
– *Katharine Hepburn*

VIOLÊNCIA
— ❀ —

Somos nós as pessoas sobre as
quais nossos pais nos alertaram.
– *Jimmy Buffet*

Cuidado com a fúria do homem paciente.
– *Publius Syrus*

A fofoca é o mau hálito da mente.
– *Anônimo*

Ninguém é mais cruel do que o bonzinho.
– *Anônimo*

É difícil dizer se o mundo precisa
mais de amor ou de humor.
– *Anônimo*

A violência é o último refúgio
do incompetente.
– *Salvor Hardin*

A pior forma de desigualdade é tentar
fazer duas coisas diferentes iguais.
– *Aristóteles*

VISÃO

― ☙ ―

Vemos mais através de uma lágrima
do que de um telescópio.
– *Anônimo*

Você pode enxergar bastante observando.
– *Yogi Berra*

Visão sem ação é sonho; ação
sem visão é pesadelo.
– *Ditado japonês*

Nunca quis ser famoso,
sempre quis ser grande.
– *Ray Charles*

Só agimos sabiamente quando esgotamos
todas as outras alternativas.
– *Aba Eban*

Orientar-se é duvidar de
qualquer orientação.
– *Anônimo*

O que vemos depende do
que estamos buscando.
– *John Lubbock*

Um livro de citações... nunca estará completo.
– *R. Hamilto*

Impressão e Acabamento
EDITORA JPA LTDA.